AF599861

GRAFFITI

POESÍA

HUERGA & FIERRO EDITORES

HUERGA Y FIERRO EDITORES, S. L. U.
C/ SEBASTIÁN HERRERA, 9
28012 MADRID (ESPAÑA)
TELÉFONO: 91 467 63 61
E. MAIL: huerga@huergayfierro.com
WEB: www.huergayfierro.com

PRIMERA EDICIÓN
2024

DISEÑO DE ÁNGEL LUIS VIGARAY

DEPÓSITO LEGAL: M-5642-2024 — I. S. B. N: 978-84-127949-9-1
IMPRESO EN ROMADAC Industria del Libro.
IMPRESO EN ESPAÑA

UN ÁLGEBRA SALVAJE

Víctor Rodríguez Núñez

UN ÁLGEBRA SALVAJE

VÍCTOR RODRÍGUEZ NÚÑEZ

GRAFFITI

HUERGA & FIERRO EDITORES

AVISO

La naturaleza, cuando vivía en Cuba, a pesar de su exhuberancia, era transparente. La naturaleza se hace visible, posiblemente por contraste, desde que llegué a Estados Unidos, en 1995. Los cinco libros de que da cuenta esta antología: *reversos* (2011), *deshielos* (2013), *desde un granero rojo* (2014), *el cuaderno de la rata almizclera* (2017) y *enseguida [o la gota de sangre en el nivel]* (2018), se establecen en diálogo con la naturaleza. Además, coinciden en la búsqueda de maneras no occidentales de pensamiento, desarrolladas en la poesía clásica de los territorios que hoy llamamos China, India, Medio Oriente y Japón. En todo caso, se proponen una poesía dialógica, que renuncie al solipsismo y construya una identidad al identificarse con lo otro. Una lírica que no produzca la ilusión de realidad, sino que haga explícita su condición de representación, y requiera de un receptor participante en la creación de sentido. Como en otras reediciones de mi obra, la presente selección incluye algunos cambios relevantes, nuevas tentativas de acercar los poemas a la inalcanzable perfección.

VRN, 5 de febrero de 2023

I

DE *REVERSOS*[1]

1. Este libro recibió, en España, el Accésit del Premio Jaime Gil de Biedma, en 2011. Tiene tres ediciones: Madrid: Visor, 2011; Guadalajara, México: Mantis Editores, 2011, y (bajo el título de *tareas & reversos*) La Habana, Cuba: Unión, 2019.

para Miah Anjélica Rodríguez-Hedeen

Yo siento en mí el cansancio celeste
Novalis

Namentras a vaca do vento muxe
Álvaro Cunqueiro

No hay tiempo de empezar por el principio, todo
en orden, sin vergüenza, en el azul elemental y cándido
Fina García-Marruz

El bien y el mal, la alegría y la pena
Tan solo son aspectos del Vacío
Su Tung P'o

mucho antes
del latido
del Logos
Gonzalo Rojas

Un no rompido sueño
Fray Luis de León

Aunque el alba levante la cabeza
Paul Eluard

[RETORNOS O ESA ARAÑA QUE ATRAPA UNA PREGUNTA]

vienes de mucho antes de muy lejos
para arraigar en este rudo sótano
donde fermentan ritmos
memorias imposibles
                                        rabias cristalizadas
en lengua que ningún vecino entiende
hierve el té de gitano
al fuego sin ojos de un cardenal
que hizo nido en la mesa
nada se aclara ni la misma voz
que ha espesado la fiebre

nada deja de ser
lo que en algún momento no estará
en este rectángulo de cerezo
por eso hay que sorber
                                          la penumbra emplumada
donde humean las diéresis
no te veo pero siento tus pasos
que estremecen la luz
vienes de la aspereza
que empieza a germinar
                                            con las últimas nieves

vienes con un sabor que reseca la piel
como nube oxidada
sentimientos
                          que se vuelven guijarros
capas de indecisiones
un pasado en hollín
río sin madre
                           ceniza de miel

esa novela donde nadie está
donde nada es presente
partir para llegar para volver

hay algo que se extingue
                    en tu imaginación
no solo el almiquí
                    enredado en las púas
de los alambres cagados de moscas
el cielo de las aulas
                    yo todo lo aprendí
en un antiguo barracón de esclavos
y como tú seré
                    cuando apriete la sombra
una araña que atrapa una pregunta

para que nunca entremos en razón
solo viene la espera
                    a tu puerta de argento
un timbre involuntario
cauteriza la calma
las bisagras del yo
                    se niegan al desdoble
y te abres resonante
aunque se apague dentro
un día que no despunta lunes
ni once de septiembre

lumbre a secas con un tufo cordial
que elude las aceras
un día no marcado en sus ramas
ni raíces al aire
ni follaje agitado por el tono
sombra sin adjetivos
sin boina estadísticas bufanda
un día que se corta
y se escurre por las alcantarillas
luz y sombra del ser
que se deja sudar sin trascendencia

un día que sin embargo embarra esta página
nada sale de mí
                    todo retorna
once sílabas que no se condensan
en la noche que cruje como el hielo
deja correr la sangre
el papel se oxida pero lo estanca todo
tampoco te avergüences del cuchillo
no tiene compasión como la nieve
y se deja caer
sobre la gramática del jardín

soy el punto de vista
                    el exilio entrañable
un cuerpo sin sosiego
                    un ánima que engorda
esperarte es una redundancia
de todas maneras vas a venir
más tarde que temprano
                    en jirones
con un toque de albahaca
mis venas transparentes
                    cauce de tu deseo

de nada sirve acordar el postigo
armonizar el torno
con tu miel encendida
                    y mi almizclada cera
tus pechos de campana
van a darme la hora
la única certeza es que vas a llegar
hasta la ausencia intuye
                    que estás dentro
madriguera de imágenes contadas
no se regresa en vano

cuánto ha esperado ya
                    con solo no quererlo

con tan breve esperanza
sin ignorar por qué
                                   témpano en el discurso
no pudo ser impar
                                   tuvo en cuenta el desliz
bruñido en ilusión
                                   y no está arrepentido
entre las tercas nadas
teme más el olvido que la muerte

en el último encuadre esperaba la ausencia
en la próxima copia deberías llegar
vuelvo a ser la nada que te imagina
ojos de cardenal té de gitano
                                            en un sótano agreste
¿quién detalla el final?
¿el punto que te absorbe
                                       con su tinta perfecta?
¿acaso habrás llegado?
ni siquiera el que nazca de tu muerte
solo se puede reescribir la vida

[DEMENCIAS O HACE UN VIENTO DESDE NINGUNA PARTE]

la astilla en la yema del dedo
no mayor que una estrella
en el cielo de mayo
                    reitera tu dolor
esa astilla que supo
aprovechar el tiempo para clavarse hondo
donde no se puede llegar sin sufrir
la yema del pulgar
                    herida sin porqué
cuando regabas plantas
que en un par de semanas morirán

la astilla que se encona
en una tarde con sol escarchado
y trasciende solo por el dolor
nada que cifrar
                    la marea baja
no revela corales
                    los signos empapados
se apilan en la sombra
                    se los come la sal
como a los erizos del caribe
nos va a diezmar esta tarde infinita

mi imposibilidad
                    tu transparencia
cálido sinsentido
reuniones convocadas en ausencia del ser
falsa neutralidad
acuerdos sobre nubes sobre acuerdos
convicciones marchitas
                    lógica de cristal

tiempo espumante espacio arenisco
ya solo nieva dentro
y hace un viento desde ninguna parte

¿en qué raíz invernará el desgano
la rènuncia de nada?
niega la luna llena
y los agujeros negros afirman
lágrimas de espejo
                              coherente sinsentido
la floración de estas arduas gestiones
baja otro sol por gusto
y en el horizonte cuelgan tus vísceras
el viento no sabe qué hacer con el vacío
tu luz se va a podrir como las hojas

para que no sufriera
                              mataron el venado
temblaba entre el romero en la cañada
desde que llegó no sabemos cómo
con su ropa acabada de asentar
el sheriff tuvo que hacer dos disparos
el resto lo cargó el gato con botas
tras las huellas
                         de su mujer preñada
de pronto se hizo tarde
pero ni el sol se quería ocultar

la lógica de oblómov
                                si no tienes el as
ese loco que cierra la partida
debes perder el tiempo
                                  sin rendirte jamás
como no queda todo por hacer
recurro a ti al acto de invocarte
con estos caracoles sin lograr tu apariencia
acostarse rendido de tanto contemplar
y antes de que se apague
                                   besar la llama inerte

me he quitado los ojos
para ofrendarlos al ser de la pira
que acabas de extinguir
                                        se quedarán en vela
la noche en que el estar no será sueño
al fulgor de la espada
entre el manto encarnado
                                        la corona y el cáliz
no van a descubrirme
ni el cardenal ni los hirvientes ojos
que te vieron quedar

los santos tienen sed derramaron el vino
no hay nada que ganar ni que perder
el deseo es una arteria rota
la angustia bordado de tía guisa
el sueño como un tren
                                        ¿mas vas o vienes?
¿sales o entras en mí?
¿estás a la derecha de la noche
o a la izquierda del día?
¿dónde quedan el norte de tu cuerpo
el sur de mis tres almas?

a esta cama que no se tiene en pie
han llegado los ángeles
no con sus propias alas sino a grandes trancos
por la férrea escalera horizontal
los ángeles me están pidiendo cuentas
no sé cómo pagarles
                                        si en escrúpulo o piel
el mercado del cielo
me manda sus alados proveedores
nada puedo encargarte
no circula la noche sin mis venas

soy el poco de arcilla
que ha quedado en las botas del último verano
el puñado de polen

que arrojo en la mirada de los ángeles
algún depredador
mondará tus espinas
hasta la dulce médula
era mejor mentir
sobraba sitio faltaba estación
se tranzaban desvelos
la novela sin fin

un triángulo la noche
mi perfil tus migajas
todo te manipula títere con cabeza
y la fuerza que adoras
tira mejor los hilos
caperucita roja tiene dientes de lobo
y soy lo que no cede
eslabón vulnerable
al roce de pezón de una curvada atmósfera
la vida no te dará la razón
valdrá la pena haberse equivocado

[BORRONES O ALGO QUE NO SE ESPANTE CON LA LUZ]

un mínimo accidente en las esferas
ha puesto a contraluz
                    la copla muda
¿de dónde su mesura si soy cómplice
del vacío revuelto
y no hay más lucidez que los relámpagos?
es la música interior de un felino
que se vuelve pelambre
                    y rehúye las velas
en busca de algo que no se espante con la luz
el poeta vigila los descuidos de dios

bella y desconocida como nunca
avanza entre la estática
de la respiración que cae con la nieve
una balada anónima
en esa lengua azul con que no escribo
pero da de comer
ansia contra crepúsculo alba contra dolor
perdí todos los libros
y el resto lo quemaron la madre y el ladrón
nada inquieta a la sombra
que se va serenando encuadernada

nadie quiere acoger
esas horas en pliegos de favila
al perderse las hojas
                    rasguear desde los márgenes
asilarse en el fuego
los mismos y los otros guardianes del discurso
han tirado la puerta
                    no te dejan salir

del barracón sus cóncavos espejos
agradeces la sombra el fondo que ilumina
todo lo que te omite

el silencio que alega
                                        contra la sustracción
gozas de este papel que amarillea
honestamente efímero
                                        esta tinta indeleble
con que secas la pluma
no hay manera de tenerte a raya
ávida picoteas el teclado
los símbolos se vuelven astromelias
arrugas los papeles como alas
renuentes a volar

enceguececes con tus ojos caribes
el vértice de los significados
gorjeas como un puño
                                        insaciable
no dejas concebir
si quebraras la péndola
cada ojo vaciado
                                    lo notaría
fue afilada en el lomo de quevedo
una pluma que acabas de arrancar
a un vertiginoso arco iris en managua

escribir al revés
                                    de la piedra a la nube
de la impotencia al hambre
                                                del compás al vacío
el sentido se afila
                                    navaja de barbero
en tu piel desclavada
esta mesa es el eje de una estrella
como en tiempos del verde garcilaso
las sílabas arden con el pabilo
algo no dejan ver

el invierno ha estrechado su cerco
el alma se engarrota
la noche es más sincera que la nieve
sin ningún compromiso
                                        nos tendemos la mano
este poema y tú
no hubo un buen lugar ni nadie me ayudó
lo hice a pesar de casi vencido
a diario decantándote
                                    al fin desposeyéndome
la incomodidad de cantar desnudo

arrojarse al rescoldo
entre la algarabía de la leña
aunque tú sepas leer la ceniza
¿valdrá la pena confesar que creo
a la luz de un árbol de navidad?
tonos traspapelados en insomnio
mortificada pulpa
la calma tiene algo que decir
debajo de la línea
                                desde la zona en blanco
algo ocurre de pronto y jamás se sabrá

el zorro en el alféizar
no se sorprende de verme afilarte
negro y blanco en la hierba
danzan hasta el borrón
llegaste del misterio y permaneces
resudado el perfil
la camisa que nunca vas a usar
la mirada sin vidrios de la madre
el ladronzuelo tallado en madera
el dorado salobre en el ancón
nada a cambio de todo

un acento de lluvia
                                un albor repetido

en la anhelante tinta del espejo
la violencia que afina su canción
con tres gotas de tinto
recobrada en la agenda de vallejo
la gloria llegará como la muerte
se levantan los signos irritados
desde el granero rojo
                                        es la obra del viento
limaduras de subjetividad

la balada comienza
donde terminan todos los discursos
es flor en un casquillo
                                        que no olvida la pólvora
tolerancia armonía claridad
el poeta desacopla el poder
aquí sobra sentido
                                        basta ritmo y verdad
ideas que se trazan a sí mismas
círculo bipolar línea imperfecta
materia sublevada

[AFUERAS O LA MARMOTA SE HARTA DE CREPÚSCULO]

la montaña contra un cielo asonante
a punto de cuartearse en su fijeza azul
aire que cristalizan cedros de hulla
y caballos que se espantan el frío
en lugar de las moscas
                                        los gansos cartesianos
avanzan como sílabas
al borde del soneto figurada laguna
y rompen formación
                                    al cruzar el galanto
de un encabalgamiento zanja ciega

todo aún por hacer
el signo que se filtra entre tres gajos
que el viento esencializa y corrige la nieve
tientan las ranas la única cuerda
que le falta a la noche
repleta con flores amarillas la marmota
ha vuelto a ser pulsión
ayer cayeron hastiados sicómoros
y estorninos en vuelo
alborotan la sombra que calcina
¿el miedo que regresa espantado de afuera?

contra el cristal resuellan los venados
como desasosiego ávido de papel
sin tu brillo la penumbra ya se deja oír
un temblor que cobija
el ser es inocente mas se lava las manos
el relámpago no sobresalta al puercoespín
que carga toda la lluvia consigo
las gotas ensartadas en las púas

no dejan de irradiar entre la sombra
el miedo su osamenta
al filo del maizal en ausencia de nieve

la muerte es una ardilla sobre asfalto
un cerro contra el cielo que se aprieta
voy a arrancar un sauce en cada esquina
el agua sin destino
no deja de gruñir entre las rocas
la hierba sobre ti es una errata
esa caligrafía copiada de los robles
que el invierno deshuesa
alarma de tornado
                                las luciérnagas
no cambian su rutina

sigilo entre las briznas de sirena
la ardilla atropellada
                                    abriéndote camino
a la hierba le queda la memoria
de su verde futuro
                                por eso es que resiste
el furor pesimista de la escarcha
árida primavera con tulipanes negros
que los ciervos rumian bajo la luna
en el alma del hielo la corriente
es un remordimiento

el sol entre la niebla que escapa de las tibias
jamás acariciadas
el paisaje promiscuo y en su centro
la mancha de pureza de un estanque
los patos dormidos en el torrente
te imaginan abierta sobre la grama añil
la tojosa en la nieve desafina
como niña sin dientes frente al piano
sobre el hielo engreído
la marmota se harta de crepúsculo
palabras de mi madre

como si te olvidaras de algo puesto al fuego
el tizne enardecido
no se detuvo ante las falsas cruces
transgredió las ventanas
la música de las contradicciones
su elipsis de ceniza
todo el viento del mundo
no podía remover la sombra descompuesta
sus coágulos filosos
el vacío inundó las partes bajas
y fue necesario animar la luz con rezos

mas no hubo oración capaz de amedrentarte
volvió la calma cuando con su pupila sola
mi madre desafió
el también absoluto ojo del huracán
la nada en los calderos
                                        todo por contemplar
el hálito que amella su cuchillo
en las piedras insomnes
y la luna que amuela sus heridas
en áspera mudez
ni galaxias ni gases ni materias oscuras

incoherente agujero como ombligo del ser
crece en la constelación de eridanus
al sureste de orión
a más de un semillero de años luz
el justo mapa de las radiaciones de fondo
mostraba en ese punto su tenue mancha fría
y lo reafirma el eco de microondas cósmicas
que siguió a la creación del universo
esa débil señal que resuena desde el big bang
la manzana no tiene segundas intenciones
pero sin ilusión se acaba el mundo

un pájaro del sur
picotea semillas que retan al invierno

y me mira desde su emplumada indiferencia
su vértice de lumbre para que no olvidemos
la honda lejanía
se ha oxidado el conserje entre la niebla
su lámpara amarilla ya no espanta las sombras
en la espera hay un ojo que se mira
la nieve del instante no deja de caer
la vela desbordada el último volcán
afuera la tormenta y los obreros discuten

el aire se desploma a sí mismo se dicta
hasta la hormiga sabe que rima con fatiga
en la espalda del fuego ¿quién escribe?
el azar es mi acierto
como el pato de cabeza en el agua
la sed es la corriente el hambre la adherencia
el pato indaga en la dura fluidez
y su plumaje umbrío
hace brillar todo el ser congelado
la forma es ideológica
con la contemplación el mundo cambia

[CORDURAS O ERES UNA TORMENTA EN UN TINTERO]

con un sol a la zurda
que acaba de romper la cáscara del cielo
y un otoño que escarba en la médula
buscando algún despojo
                                        para avivar la muerte
se impone la belleza del maíz
su verdor ordenado
su insurrección contra la incertidumbre
tienen razón las alas
la cópula de instantes todo este cacareo
no sé lo que te inquieta en el crepúsculo

ese cielo incoherente podría hacer llorar
eres una tormenta en un tintero
cuerda sin pulsar fiel salpicadura
por eso te llevo hasta la lumbre
que tampoco sosiega
la inquietud del crepúsculo ante ti
este no es el punto donde te abandoné
roído por la luz
ni comienzo ni fin solo silbar
y la fijeza germina al descubierto
sin puntos suspensivos

avanza entre los perros que olfatearon su aureola
uno lame las llagas de los pasos al frente
mientras el otro sigue sometido a la sombra
hay un fondo romántico una iglesia realista
la pareja de abetos le da la cara al muro
de una sola clavícula cuelgan harapos rojos
los fieles entrevén la barba prometida
lumbre de girasoles que padecen

quemaduras de otoño
lumbre de jitomates
en un alba que no madura aún

radiada en esta orilla
verdad con herraduras cara oculta del sol
sin hallar alivio del otro lado
de donde nada viene y a donde todo va
algo tan humilde como aspirar
sombra volada en fiebre
el viento disciplina el acerbo fulgor
el metal de los pájaros a punto de caer
espasmos reciclados
desazón en jirones
como el norte constante

con tu pluma de lora y en mi cuaderno rojo
el futuro no queda en manos de la muerte
apenas un instante y mudará el destino
alguien monta el camello y te sonríe
se equivoca de número y no quiere colgar
te pide en la otra acera el horizonte
es el ángel que esperas
le sucedió al viajero en su primer otoño
no exactamente una tez dorada
con nácares y ébanos
como en la sobrecama modernista

ni una faz con amables cicatrices
algún lunar que creció demasiado
solo una sensación que de tocarla sea
un reflejo con la piel de gallina
desnudo desagradecido como una rosa
pero al fin satisfecho
de la ausencia de un fin
pues de la ingratitud nada saben los astros
no más discursos solo villancicos
y en el triángulo rojo la estrella solidaria
termina mal lo que nunca empezó

las palmas de cayama bordadas en la alfombra
casi persa de los cañaverales
los lagos florecidos en pobreza
y el dariano momotombo en el retrovisor
el valle de aburrá desde la ventanita
en la casa nublada
                    los bosques de oregón
y en su centro la playa de agua dulce
donde fundes mi ser
bendición a los que quedaron ciegos
por mirar el eclipse

borrego horcón cuchillo
                          distancia metonímica
silla de montar freno de caballo
claves de identidad
hamaca botas de hule cobija
estrategias de identificación
pollo muerto que aún mueve las alas
fisura en el esquema
la lucidez es solo adelanto del vacío
una gota de estupidez te cura
cerrada acción de gracias

levanta la tarde algo nuevo si se mira
con el rabo del ojo de un ciclón
es que los árboles como una idea
se estremecen al simple
roce de las plumas del cardenal
y ese mismo terror lo ha sentido el cielo
que se ha cuarteado donde
el cardenal sin ley alzó su estampa
cae la tarde algo nuevo si no se olvida
la sangre arremolinada en las manos
con esperanza quedarías inmóvil

en la butaca verde frente a la falsa estufa
mas trenzo para ti las paralelas

a ver si de una vez encajas en el mundo
la fiebre unipolar
necesitas un norte que te hiele los pies
un sur para el desvelo
¿quién juntará todos estos añicos
de madera ilegible?
¿en qué ceniza viertes este humor inflamable?
el obrero que escupe cuando cruzas
la llama que no ayuda con las líneas

el labio leporino
                                        el árbol de guirnaldas
este lenguaje turbio
agabama en tiempos de deshielo
un oro tibio escancio
mientras las entrañas buscan su sitio
bajo la luna ausente
tiempo ahumado en que los tulipanes
brotan entre la nieve residual
no habrá tregua
                                        el alba que germina

[PARTIDAS O MI ALMA SE IRÁ AL CIELO DE TU BOCA]

horas que no se asientan rebeldes como el polvo
en la mesa de noche
horas que no germinan entre tus vastos muslos
sin ganas ni dolor
                                        horas que se dilatan
como el núcleo del bosque vidriado
astillas de belleza
el tiempo marca la tez los papeles el cielo
la inerte voluntad
no garantiza la higiene del ser
arenosa metáfora

comienzas a morir por la sonrisa
el hígado la soledad el asma
no van a devastarte
                                          ni la escarcha de bilis
las culebrillas los desasosiegos
la vida pende de un hilo dental
mi alma irá al cielo de tu boca
esta orilla del sueño con un muelle
donde hacerse a la mar sin la cordura
en la nocturna barca de jengibre
se desatan las gavias

por el tragante que porfiadamente
siempre gira a la izquierda
mezclado con las borras del café
medio ácido ya se va otro día
entre cruentos fregados
                                                  llega el no
solo sigues los pasos de la tropa que huye
hacia un nuevo combate

alguna piel te espera
sisada por la sombra
murciélagos las horas sin razón

con la vigilia llena
de azulejos que escarban en la nieve
el sueño atravesado la lluvia y tu compás
partir no es requerido
tener a mano el mundo
si de pronto faltaras en las cosas
ni siquiera el vacío podría recordarte
cuando seas lectura
nadie te preguntó
si querías entrar en este juego
los suicidas son héroes óxido sin medalla

tal vez por eso los llaman cobardes
no le dejan a nadie la carga de partir
sueño que me destaza como res
que se rompió la nuca
sueño crudo con moscas
atraídas por el lugar común
sueño a la intemperie que se pudre
verano clandestino
se fue de ti la habana como hoy
no la oíste partir
ciego en lo poco que de ti quedaba

han sanado las ruinas espantado las moscas
no hay derrame en las noches
ni la vecina llora cuando tiempla
y la cucarachita bajo el huevo
me recuerda quien soy
un rincón alumbrado
un onceavo de hora sin angustia
días en su botella
como para la sed que deja el vino
días en letra amarga
que transmigran

días originales
sin la opción siquiera de repetirse
ni el milagro de una variación
días que se cortaron
                              con la hoz al revés
la siesta acaba a gritos en lúcida disnea
se entrecruzan la lógica y la nada
rayos de acetileno abierta soldadura
voló tu corazón
esa piedra sangrante
                              ese mar coagulado

se me perdió de vista entre los resplandores
de una noche emplumada
se posará en el péndulo
que espera ser retoño
                              y el polvo se revele
como si el siglo xx fuera cierto
la cura del cáncer el comunismo
el reparto del cosmos
y el siglo xxi
                    cambalache
quedan once piñones de confianza

un suicida condenado a vivir
porque la pena vale
la uña con su legión de bacterias doradas
herida por el trópico
la uña encarnada en el miedo
y que solo molesta cuando otro pie la busca
perdido entre las sábanas
la ventisca que hace crecer las setas
en corteza de luna
                              la lluvia que se apila
junto a la leña sedienta de fuego

la escarcha que se asoma
con la cara tiznada antes de amanecer

la neblina que desgrana el maíz
mientras la noche muele las espaldas
ese tiempo sellado
por un espeso signo transparente
con que no puedo más
un grito sin destreza vanguardista
que separa las vísceras
un grito sin dolor civilizado
que desgaja los arces

un grito que restaura el orden de la duda
la belleza de toda negación
tornado de aridez
donde la luz no deja respirar
crece el deseo como una columna
se contiene la esfera
                                        la memoria humeante
¿epitafio?
               valió
la pena vivir
                    y también morir

II

DE *DESHIELOS*[2]

2. Hay cuatro ediciones de este libro: (bajo el título de *thaw / deshielos*, con texto en español e inglés, traducido por Katherine M. Hedeen) Todmorden, Gran Bretaña: Arc Publications, 2013; Granada, España: Valparaíso Ediciones, 2014; (bajo el título de *deshielos & desde un granero rojo*) La Habana, Cuba: Letras Cubanas, 2015; y (bajo el título de *dégels / deshielos*, con texto en español y francés, traducido por Stephane Chaumet) Bogotá, Colombia: Ladrones del Tiempo, 2018.

a la memoria de Juan Gelman

Días y días
años
nieve sobre la nieve
Fujiwara no Teika

La niebla era tan densa
Que no pude ver tu sombra
Cruzar frente a mi casa
Kenneth Rexroth

naturaleza, mécele con calor: está helado
Arthur Rimbaud

¿Han dejado los poetas algo por remendar?
Antara Ibn Shaddad

y al fulgor de mi estrella solitaria,
estas frías estrofas descendieron
Julián del Casal

1

hay un círculo de tierra caliente
donde reina la hierba
no se atreve la escarcha
la nieve dura menos que el amor
en el mismo corazón del invierno
esta úlcera verde
todos pasan de largo
obsesionados con su intrascendencia
yo no voy ni regreso
me paro allí reverbero el vacío

2

esto es un testimonio
de cómo el sol acribilla las nubes
los pájaros reniegan
                    consienten los granizos
se levanta un polen avergonzado
el ser es solo estar en las venas del agua
escaso de horizonte
a salvo de borrascas pendencieras
ni algodones ni culpa
                    amor a sangre fría

3

te abandona la luz
entre los girasoles que se encienden
las banderas empercuden la brisa
el estar se coagula
del estanque se levantan los gansos
y vuelan en escuadra
a su imagen
                    todo sigue los rastros del sol
salvo la mariposa
que inesperadamente se posa en una sílaba

4

¿qué buscará el halcón
                                        temprano en esta página?
¿atrapar la paloma
cuando viene por las migas nocturnas
con un hambre de ritmo?
                                          ¿o la rata almizclera
que ha renunciado al fondo
y sobre el hielo busca ser contraste?
¿hacerte el indignado
diestro en las artes de matar el tiempo?

6

cuando la lluvia envidia
                                        se hace nieve
y se tiende sobre el bosque desnudo
que la recibe gris
                              enmarañado
como todo principio toda fe
el bosque se embellece pues la envidia
no se va por las ramas
                                      arde como la brea
el único final es el placer

8

a las letras se les prende la sal
se van a desleír
pronto serán ese trillo encalado
que se enreda en el bosque
ansia sin prisionero
                                    regreso a la cordura
sobre las osamentas de estación
que la miel no encandila
a las letras se les deja volarse
el sentido se escurre con la escarcha

11

quebraduras en los cielos de ohio
donde se filtra el ser
ansias que se despintan
                                    como graneros
y reiteran a voces la llanura
versos como reses
                                    en sus cuartones
sin humos de razón
es un alba cernida
                                    de maicena

13

como rata almizclera en el torrente
rescoldo de penumbra
                                    hielo cicatrizado
buscas hierbas de fondo
                                    el ardoroso juicio
un anzuelo la angustia
prendida en cúmulos
                                    fosforescentes
el cielo es un estanque
donde la sangre de los peces trina

14

los círculos abiertos en el alma
donde abrevan los pájaros
diligente arco iris
que se deja palpar
conmoción entre sauces
que se abstienen en línea
la piedra que rebota en el reflejo
de tus pechos rebeldes
agua zurda
que no se congeló

15

una nueva mirada
como la nieve impar recién caída
que cubre sin congoja
con su ingrávido plomo
la huesa del domingo
una visión arácnida
aferrada al estar
de la médula al tedio
con sus hilos armónicos
no perpendiculares

16

algo niega la lluvia
con su voz apagada
con su vaho simétrico
el pulmón no la escucha
en su roja obsesión
en su intransigencia
más que asfixiante
condenas de la lluvia
que se inflama
te convierte en azogue

18

perdido entre reflejos
celdas de una mañana
que no madura aún
ni entrada ni salida
laberinto encerado
décimas que rezuman propóleos
sinfonía barroca
enjambre duro en fuga de tus brazos
las mieles del vacío
fermentadas

19

todo viene hasta aquí
como un mapache hambriento
enchapas los horcones
mas las uñas desgarran el metal
si tuviera razón
llegaría hasta el cielo
seguro fue huidobro
quien le rayó la cara
no queda nada a salvo
ni estas semillas negras

20

extraños animales estas hojas
que hasta el árbol olvida
pero se angustian en este rincón
donde el vacío cruje
no el verano del indio
que borra palideces
moretones del alma
ni el norte que jadea desde el fémur
en discreción se agobia
acalla su destello

21

extranjero
como sombra en la nieve
de la patria dual
esa que nunca da la espalda
y que huele a reseda
a zafra que se inicia
a ingle fértil
ese verde que no te deja en paz
otra cosa no soy
tu decencia salvaje

22

unos pechos en sí
que nada tienen que ver con la miel
temblores sin valor
arqueos sin ganancia
solo curvas sedientas
una trama venosa
ni siquiera presienten
la ronda del aliento
unos pechos salinos
con que mi fe tentará tu razón

23

en un mundo derecho
que no rima
lo único verde es la combinada
sus pétalos abiertos
entregados
a la nieve en caída horizontal
sus pistilos
ávida geometría
pasión inoxidable
que desenlaza los nervios del viento

24

naturaleza en orden
al descampado todo
sobre pliegos de escarcha
parece bien escrito
un rara grafía intermitente
que no renuncia al fuego
se interpone
al menos esta vez algo se escapa
sentir desordenado
nada se queda dentro

25

al filo de la noche
malherido
te vas en confusión en letras rojas
esas flores simétricas
no te reanimarán con su perfume
aunque fueran cortadas
al huerto de tu fu
y todo es natural
como pasado a máquina
con una cinta nueva

27

en la huesuda hierba
esos nidos de escarcha
que no huellan los gansos
los escombros celestes
desafían
la pureza del hambre
raro equilibrio
júbilo de estar
en el fiel de estas horas
fieramente escarbadas

28

a ras de nieve
en apariencia estática
y anhelante en esencia
enyugas verbos mudos
la imprecisión que a su centro te atrae
como terca raíz para que la razón
sin reposo en principio
y al final impasible
demente reverdezca
y aborte esta blancura

30

tu cuerpo desprendido
se estremece al alcance de mis almas
todo más frío nada más suave
por mí rodeado
en el centro de ti
como el viento girando entre la nieve
si tuviera la fuerza que me sobra
la ansiedad que te falta
escuchar con la piel
armonía sin fondo

32

tintinea el silencio
nieve calada con semillas de girasol
cuando falta el ánimo sobra la poesía
que se guarda en su horma
en las esencias del escaparate
dar de comer a los pájaros que nunca vienen
la corriente sigue a través del témpano
¿y cómo deshacerte de su ritmo?
¿la pequeña campana
                                        donde el frío repica?

33

no eres el guardabosque
rondando entre las ramas del discurso
hay demasiados sitios donde estar
instantes que perder
puedes robar la leña de febrero
responderle a la estufa
que apenas quiere dialogar consigo
una muerte no alcanza
con tu ideograma al menos
                                        das una mano a dios

35

dos pájaros en uno
posados en la orilla
el real pica la noche
que fluye inconsolable en la nevada
su sed es negativa
lo comprende la luz nos abandona
el reflejo no imita
porque se bebe un pájaro
las dos alas permiten con el tiempo
ser uno en este sauce

37

entre la tos y el viento
se lima la cordura
el cruce de la ausencia
calcina tulipanes que se obstinan
es la nieve de abril
memoria arrasadora
no podré ser tu cuerpo
pero en cambio tu sombra irreprochable
solo la vieja tos
al viento reverdece

43

no hay que mezclar la sed con esta lumbre
que cala el esternón
                                    y se pone a silbar
un deseo sin fuente sin destino
se abre paso entre cantos
                                            que la nieve oscurece
una esquina del cielo
que hirieron descuidadas las estrellas
las ondas de castigo
se superponen de la piel al fondo

44

los ciervos virgilianos
asolaron los tulipanes negros
eché el alma al plantarlos una vez
a orillas del otoño
noventa y nueve nichos en la arcilla
seis pulgadas adentro
más un puñado de huesos molidos
en rumores sin mar
a la luz enemiga de la luna
en su voracidad ni la idea dejaron

49

no leyó a mallarmé
pero tira su dado
que revoca el azar
sin consonancia rueda
escaleras arriba
lamento simbolista sin esmaltes
es que lo sabe todo
el resto la imagina
y anda descalza sobre el hielo negro
que nada le pregunta

50

cuerpo que sabe a cuerpo
a placer esencial
alma sin corteza
pura simiente
cuerpo ondeante que suda
y atrae con su estática
alma que cae del cielo
y germina
cuerpo algo más que cuerpo
alma por desbravar

53

biografía del nuevo cimarrón
emboscado en la nieve
¿escapar del ingenio
                              la vigilia aceitosa?
¿huir de campanario barracón
polvero de oraciones?
no llegarás al centro
                              sueño desmantelado
en la espalda los resuellos del can
y el nuevo rancheador

55

en el juego celeste
                              no me alejo de ti
somos la tejedora y el boyero
que se van a las manos
                              sobre un cielo de paja
la nada se desboca
agitando el espacio
                              con sus alas de grulla
que la estrella recele
nada más armonizo con tu lumbre

59

desde entonces llovía
y las piedras rasguñaban el sol
las sombras se alargaban oscilantes
querían separarse de los cuerpos
al deseo se le helaban los bordes
materia que transpira
un cuervo picoteaba la pureza
con su hambriento color
alguien debe hacer algo
o no escampará nunca

62

contraria a la corriente
                                        al fin te posarás
en el disturbio los remolcadores
rodarán la madera
te liará la familia
                                   con sus lanas nocturnas
antes de que la gracia se abrase con la sopa
se dirá la oración
en el aire me quedo
                                      te raspo de las nubes

63

no somos enemigos
                                        el tiempo nos completa
tú crees que el cielo se vendrá abajo con la música
de los caracoles que se sacuden
la diferencia ansías
como el salmón la caña de pescar
yo creo que el invierno se ha agrietado
y que de sus resquicios saldrán lilas
en un minuto verde
                                        se anudan los contrarios

66

insistes en mirar
                                    tu perfil en el lago
el fondo se evapora
y los cisnes se espantan
es tiempo de deshielo
                                            creciente de la décima
los osos los caracoles despiertan
con el primer pistilo
obligada a seguir
                                    olvidarás el rostro

67

disfrutas los descuidos de la nieve
las fugas de afonía
en la noche vienen los venados y los comen
sin complejo de culpa
la condensación que oculta el conejo
ambarino con orejas raídas
cuesta arriba en la hierba
como tu desazón
                    cristalizada
el alba no se explica

69

has perdido los bordes traspapelas
beduino de qumrán
nada valen arrobos
                    esencias sin almizcle
fogonazos de edén
la erosión continúa
                    no duda un solo número
ni el sauce la detiene
ausencia que interroga
a contexto barroso texto limpio

71

el agua siempre encuentra su camino
arterias en el témpano
las venas de la noche
descree del vendaval
la línea recta
el carbón sin espasmo
la voluntad de estilo
lluvia muerta de sed
bebida en tu garganta
por eso sigo el agua a todas partes

72

esta sublevación contra el poema
segmento
desproporción de sentido
el canto decimal
que no cabe entre tres
desasosiego exacto
cerrazón razonada
con un tono menor
en punto espirituano
huella sobre el filo visión centrífuga

75

ejidos roturados
en que el verde aprovecha
las raras confusiones de la nieve
herrumbrosos establos que vomitan
caballos en capuchas
                temerosos y hambrientos
de las yemas en luz que nadie ve
la llovizna no ha lamido la sal
y el alma atropellada por la noche
se inflama sin ascenso ni desgarre

79

ese canto rodado
            en el brocal sin fondo
dice más que el jade de los botones
que vas a desojar
un guijarro tallado por el viento
la escarcha resentida
                que se crea
sobre tu despiadada desnudez
esa estela en que ondulas
                    un álgebra salvaje

81

fulge el trazo biliar
sobre la noche estática
raposa al descubierto
                                        silencio equivocado
te sostiene la llama
a la caza de fieras armonías
voluntad herrumbrosa
                                        que deja respirar
mañana el mismo invierno
pero con otra nieve

83

tarde sin registrar que nos hurta la helada
a pesar de la niña
que corre desde el sueño hasta la madre
a pesar de la huesa de zorrillo
que no puedes sortear
a pesar del ajuste en la vieja casida
que al fin nos da la hora
a pesar del dolor
en la única mano de mentir
esta tarde arcillosa nota al pie

87

hay que preservar la nieve conejo
no ensuciarla con esas orejas amarillas
estas huellas simétricas
en realidad si se asusta la nieve
y vuela con los gansos
                    estaremos perdidos
en el iris del vértigo
la nieve es la ansiedad
                    la carencia sin ritmo
la pregunta que el cielo nunca se hace

90

los vaporosos signos
resquebrajan las paredes del baño
las pieles se sacuden
la ternura
          que en remolino cae
los cuerpos se revelan
al denso vacío
               descuartizados
pero la belleza restablece la unidad
gotea transparencia

92

reescribes con la misma
inconstancia del tiempo
reescribes el caballo
que pasta en un borrón de la colina
reescribes el exilio
salado palimpsesto
reescribes la corriente
que persigue el salmón si no desova
reescribes la afonía
el cruce en el vacío

93

arco iris de invierno
como ropa tendida por la madre
¿no eres luz descompuesta
barajas el camino?
los colores primarios el espectro
angustia en contrapunto
¿cómo volver a casa
si la sed es un prisma?
encarar en la cresta del abeto
la alborada con ojos halconados

97

hacer como la nieve
indecisa en silencio acompañando
desatar una elíptica
                                        al sistema lunar
una vuelta completa
la gracia del rigor
regresar a la isla
                                  que flota en el vacío
y jamás olvidar
que en el espejo la imagen respira

100

la nada que se aviva
                                        balbucea en la estufa
su luz en el cristal deja un mensaje
claramente ilegible
su sombra deletrea desde el borde
la respuesta al oído
la nada que se copia
en la noche de un folio echado al fuego
como un copo de nieve
                                            efímero y hermoso

III

DE *DESDE UN GRANERO ROJO*[3]

3. Este libro recibió, en España, el Premio Alfons el Magnànim-Valencia, en 2013. Tiene cuatro ediciones: Madrid: Hiperión, 2013; (bajo el título de *deshielos & desde un granero rojo*) La Habana, Cuba: Letras Cubanas, 2015; (bajo el título de *from a red barn / desde un granero rojo*, con textos en español e inglés, traducido por Katherine M. Hedeen) Normal, Estados Unidos: co.im.press, 2020; y (bajo el título de *desde un granero rojo / da un granaio rosso*, con textos en español e italiano, traducido por Gianni Darconza) Rimini, Italia: Edizioni Fara, 2021.

a la memoria de
Angélica Reyna Obregón
y Joaquín Núñez Hernández

[UNOS OJOS QUE LE HAN ROBADO AL CIELO]

Ahora qué hace ella
De rodillas entre dos golondrinas
VICENTE HUIDOBRO

1

hoy te ganas la vida vigilando
la muerte de una vaca
la academia no da para el divorcio
menos para el amor

en el prado del sueño americano
entre ortigas y zarzas
se escucha solo el eco de la muerte
que se esmera sin desfallecimiento

paisano baudelaire que rechina dientes
en la tripa del libro ninguneado
instrucciones escritas terminantes

del dueño de la hacienda
que ninguna criatura
coma del animal sino la muerte misma

2

el coyote ya comenzó la ronda
su mirada destaza
pronto vendrá el camión con el veterinario
que certificará la defunción

la res y su música enrumbarán
la planta de conservas para perro

y podrás llegar a tiempo a la cita
en la penumbra de la biblioteca

o en las cuidadas frondas
del cementerio que ni la muerte usa
entre las espinas cuajan las bayas

los cardos aprovechan y florecen
puja el viento lanudo en los linderos
marcados por el óxido

3

la brisa no sabe qué hacer con el ahorcado
se restriega en la lana del abrigo
los pantalones cortos de repente
ante la ya libre gravitación de las piernas

la hematoma en el rostro
las manos infructuosas
la honra desnucada
                                        no la intrigan

duda entre columpiarlo mesar la cabellera
deshollinar el ánima
hay lagos que agitar hojas que enrojecer

caballos que seguir en el galope
ese cuerpo que han puesto en su camino
no le corta el aliento

4

a plomo contra el norte
se levanta el rumor segado del maíz
arquea las columnas
desconcierta las vértebras

y la luz agolpada temerosa
de entrar por las hendijas
al granero repintado de rojo
va a enredarse con mugidos de vaca

afilar las pupilas
de quienes han desafiado la noche
al resplandor de un sueño

cuando el fuego termina su tarea
la ceniza se vuelve escalofrío
visión que no da sombra

7

altares efemérides veladas
el ser es un ritual donde el sentido
es una vaca muerta que resuella
y solo se llega a sobrevivir

billetes estrujados
junto a unas hojas del pasado otoño
¿hay una diferencia?
las verdes ganancias en el comercio

las pérdidas del arce que no crece
¿hay un valor en sí?
no es nada personal dice un soldado a otro

mientras busca en las vísceras
con el óxido de la bayoneta
algo que no ha soñado

[LA SETA EN EL MONTÓN DE LIMADURA]

y en una sala del Louvre, un niño
llora de terror a la vista del retrato de otro niño
CÉSAR VALLEJO

3

gritan y no respondes
estás en la yema del aromal
nadie te busca donde nada llega
ni siquiera los jíbaros guineos

a escondidas fuiste abriendo camino
una tarde con la camisa a cuadros
lo único que cruza la espinera
es la voz de tu madre

meticuloso como un huracán
te tiendes sobre las secas corolas
bajo un cielo que deshojan las nubes

como un cordón de hormigas
y te desnudas solo para ti
a esperar a los indios

4

sobre sus huesos juegas decía el viejo núñez
al recostar la angina
                                        contra el ámbar rocoso
un fuerte colonial donde a la luna

relinchaba la pólvora
los indios no vinieron se enconaron

como espinas en la imaginación
no escarbes en verdad decía el viejo núñez

con su voz resinosa de aserrín
el hoyo en la ceniza se llenaba
de leves torbellinos

                                        la prueba es el revólver
elemental con que a los siete julios
sin más te suicidaste

5

en las encrucijadas hay un olor a madre
sudor cristalizado
                                        penumbras en almíbar
un fehaciente cuchillo

entre latas sarrosas
                                        para café y manteca
hay un sabor a madre en las encrucijadas
melazas en su luz

                                        alma de arroz con leche
un cuchillo que corta todo menos la esencia
guayaba del perú

                                        que maduran las moscas
el filoso destino de una madre
que se puede envolver entre hojas de plátano

7

un perro ante un librero
en medio de las ruinas transparentes
el librero fue una obra del asma
había sitio para la vieja alcuza

el manojo de albahaca el sebo de carnero
pero la casa se cuajó de libros
el mal genio del polvo
la gotera puntual imprevisible

el perro fue una obra de nadie
era un buen nadador
lo hacía todo hasta el último aliento

le mordieron la oreja en la manigua
se lo comieron vivo los gusanos
hoy haces cualquier cosa por no aullar

10

esta es la última noche del árbol
que volverá a la caja de cartón
bajo las catorce sílabas en escalera
gracias a las reglas del arcoíris

cada gajo tendrá un común destino
una bolsa de plástico
con alguna contraseña ilegible
a su sombra que va sorteando rimas

han desaparecido los regalos
nada que sobra cuando todo falta
la punta de su estrella tenebrosa

se va a clavar en ti sin ironía
no hay otros ornamentos
en la dura estación de las imágenes

11

el abeto sintético fuera de estación
sigue con todas sus luces prendidas

en el cristal reverbera otro árbol
mejor definido aunque menos real

solo el recuerdo del paso del tren
haría temblar el triángulo de sus raíces
el otro árbol es el cerezo que llora
este año tuvo dos primaveras

los escarabajos japoneses lo podaron
se defendió con un aserrín fiero
al juntar los cadáveres

había un par de libras en las bolsas
y todo se cubrió con el medido
esplendor de la muerte

[LA PALABRA CERROJO PARA SALIR DEL MUNDO]

soy yo sin vos
sin voz
aquí yollando
OLIVERIO GIRONDO

1

es tu cumpleaños y matas una culebra
que entraba en el granero
¿qué ideogramas convergen
en ese punto de la irrealidad?

revuelta de la sombra ante el crepúsculo
no se hace nada en vano
su rumor nos anima cuando calla la luz
no hay error sin sentido

todavía puedes plantar un mango
una asonancia real una veleta
para reconciliarte con el sueño

debes acostumbrarte a renacer
cuando abras los ojos al vacío
te sentirás en casa

2

con tu aliento desempolvas los santos
predicas en iglesias que abandonan
tienes tu propia fe
está llena de nudos todavía la lijas

no le has dado barniz
con su resina se almizcla este sótano
otra frivolidad que reconforta
una por una besas las ansias esmaltadas

teólogo sin orden sin comulgar
crees lo que descreen
el haz de flores secas restituye la sed

y las sientes gotear en la razón
el apagón de vela desentume la tinta
la memoria del polvo puede hacerte toser

6

como lobos marinos apilados
en la silla lorquiana
afuera como siempre está nevando
se borran las orillas del canal

te falta el aire pero estás tranquila
disfrutas cada átomo
balbuceamos un himno
para llegar al cielo con los trabajadores

¿por qué suena la alarma
me da de pronto sed quieres otro juguete?
¿por qué el viento confunde

las huellas de los pájaros?
¿por qué no nos quedamos
para siempre un instante?

9

descubriste tu sombra
una tarde en que el sol te dio la espalda

y no volverá
                    porque olvidaste

horror al primer paso
perder el equilibrio entre la luz
¿cómo avanzar entonces
en este mundo que se bambolea?

¿para qué la cordura
si aquí se trata de patear el miedo?
te vi maravillada

con las posibilidades de la negación
sí vas a recordar
                    que a la sombra se crece

11

te erizas al pasar bajo estas cuerdas
que se trenzaron solas en la noche
no hay aguja ni idea
que desate los puntos suspensivos

aquí la ilusión se convierte en fibra
las ganas en vibrante destejer
como cruz en la trama
al albor de un castillo en eslovenia

alzarte sin nombrar dando la voz
alcayata en el vino clavel de humilladero
hincado de rodilla ante la data

sumido entre las piernas de las contradicciones
el sentido se ajusta al manear
la palabra cerrojo para salir del mundo

[DE UNA LUZ QUE NO SE ATREVE A TOCARLA]

¿Conoces tú a la dama de la mano en el pecho?
El tigre está en la niña del ojo de la mujer.
José Coronel Urtecho

1

¿cómo hacer que percibas el temblor
que gobierna esta mano?
se miente por respeto a la verdad
la verdad también tiene lunares en los pechos

y tatuada una foca
en la espuma maciza de la espalda
las palabras que hastían
a la noche insaciable

no conducen esa electricidad
que generan los huesos desamados
se calla para ver las razones de la elipsis

la elipsis se baña al amanecer
vibrando en el torrente
de una luz que no se atreve a tocarla

5

en los cielos latinos
reinicias la parábola
vientos entumecidos mala letra
los tres ángeles duermen

se pulen las narices con papeles de arroz
en tierra firme cumples la palabra

a venecia la ves de refilón
y desde un firmamento con maizales

a buen pulso se imprime entre los álamos
en las interrupciones de las vides
y aldehuelas baldías

donde los campanarios vociferan
espiral anudada
                    iris en torbellino

6

aquí escarbo el silencio por lombrices
con que pueda fijarte sobre el blanco encrespado
ninfea sin estanque de monet
¿quién enganchó al abismo

                    este anzuelo en la boca?
el sólido silencio se vuelve a derramar
algo de ti no llega algo de mí no parte
nenúfares que arrastra el sena disciplinado

espacio que desnuda
cuarto de hotel camilla de hospital
tiempo que arrecha cañas de pescar

diez lunas de museo
                    media vida a tu lado
algo de mí se va algo de ti retorna

10

no estoy en las manos del capital
sino entre tus robustas
                    aritméticas manos
perder mi cuerpo no sería grave

grave en vez sería ganar el tuyo
su tasa de interés la juventud
que se cotiza un punto sobre el cenit
desnudo entre las deudas otra vez duermo solo

junto a un tronco de ceibo
pondré delirios numerales celos
enrollados en un papel de estraza

el deseo sin nombre
                    libre de identidad
reverso de la piel derrames cardinales

[LOS TRENES PARA EL CIELO NO TIENEN ESTACIONES]

Me pidió el lirio la Muerte,
pero no le respondí...
Nicolás Guillén

1

cierras un día numeral gramático
que nubla la bronquitis
las cosas tienen su propia opinión
y se contradicen en la claridad

¿qué hacer con el ingenio
la libre asociación
el reto al sentimiento vertical?
bajo control el sueño intolerante

donde la suegra cuelga una guirnalda
es un arte la inorgánica trenza
una ciencia sonarse la nariz

no hay correcciones todo perfecto
la forma que se vuelve contenido
es obra de la muerte

2

darte en el temporal la mano seca
sin llanto que llover
emperrada con la puntualidad
hay algo que te ocultan

contigo se pueden hacer las cosas
imposibles en vida

mejor tumbarnos juntos
sobre este mismo cielo

futuro con presente amor sin sobresalto
en las nubes de la vasectomía
desnudos en la búsqueda formal

escarchados testículos
por un puñado de sílabas fosforescentes
escuchen a los muertos desbarrar

4

el tiempo no está aquí
cambiando las agujas
en el andén se enciende la demora
y la sombra de los gritos se apaga

el tiempo es imprudente
se le ha ido este tren descarrilado
las cruces en la aurora
los faroles sin hiel

poder salir del tiempo en la neblina
silbar algo contra las paralelas
después de todo es salubre atreverse

con un rojo temblor
el tiempo a veces se toma su tiempo
a veces llega tarde

9

ya solo creo en ti despatarrada
aunque no seas una diosa albina
ni una deidad yoruba
ni un árbol de yggdrasil

descúbreme con tu piel erizada
el ánima que acabas de poner
dormida sobre el filo de un cuchillo
abrígame con ese olor profundo

a nidal de cayama
                                        a ribera del duero
a página que sale de las prensas

ampárame con tu ternura rítmica
y tu paciencia roja
todo ese ardor que te envidia la luz

10

la tierra abandonada por los muertos
donde plantar tulipanes nocturnos
jazmín de mediodía
para que el sueño crezca como el pan

debes rajar esa piedra de toque
el vacío se aviva con tu piel
ilusiones empíricas
no cortarás el arce envenenado

su follaje de izquierda su herida resinosa
hipótesis cabal
para que el sueño relumbre en los márgenes

se enfilan madreselvas y bocas de dragón
el vacío se atiza con espinas
silencios arrancados de raíz

11

el origen se anuda en los cruceros
traviesa desclavada

advierte el guardagujas
que oscila su farol desde la analogía

al cabo la espiral resulta más veloz
el destino se embrea
y se llega con ardor pendular
esta noche engrillada su cansancio redondo

la torre de cabús que cruje al pulso
de ese compás asmático
cuya razón desata el hilo de luciérnagas

solo falta la pala de carbón
avivar el arcano de la locomotora
los trenes para el cielo no tienen estaciones

[NINGUNA CALLE LLEVARÁ TU NOMBRE]

Debajo de las multiplicaciones
hay una gota de sangre de pato
FEDERICO GARCÍA LORCA

1

el ánima es más recia
que los azabaches del orinoco
no puede ser disuelta en la corriente
dardo en la cerbatana

¿en esta orilla encalló la verdad
con su aleta de escualo
al político oleaje?
el ánima también sin cesar fija

como el curare dulce
no se agota jamás ni se desborda
tragavenado en cruz

¿es posible confiar en la fluidez
la llanta sin aliento el mástil con camisa?
el ánima es la lluvia que no sube la fiebre

2

ánima de marine desguazado
entre las amapolas
y las nieves eternas al sur de kandahar
ánima de banquero

que se acaba de cortar la garganta
en reikiavik con una forma en blanco

¿ánimas que contar?
los billetes no valen de pañuelo

el petróleo no se forma con lágrimas
ficción bituminosa
por eso no rompes a llorar eres impío

no todas las muertes te disminuyen
¿humanismo inhumano?
ninguna calle llevará tu nombre

3

aristocracia del lugar común
la prensa está de luto
acaba de morir un inmortal
el príncipe rainiero

por más de medio siglo gobernó
el estado más pequeño y próspero del mundo
ganó la tierra al mar
para un circuito de carreras de automóviles

en la roca viva erigió un jardín
donde el azar dejó de ser un juego
para qué enumerar con lujo de detalles

los detalles del lujo
los filmes de hollywood imitaron su vida
que tuvo solo la contrariedad de la muerte

4

tu madre es de la edad del príncipe rainiero
de haberla conocido
él no hubiera pasado por alto su belleza
nada de matrimonio con grace kelly

ni princesas malcriadas
tú no estarías aquí ganándote la muerte
pero otro como tú heredaría
el casino de mónaco

es cierto que en la tour d'argent no sirven
boniatillo con coco picadillo de soya
la vida sería un sueño

si no fuera por la lucha de clases
la prensa no registra estos milagros
en la habana tu madre sobremuere

6

te lo quitaron todo
incluido lo que nunca tuviste
desde los siete puntos cardinales
el viento solo trasiega facturas

nada de nada condición poética
libre de posesiones
pero aún tu origen se cotiza en la bolsa
libre de compromisos

pero aún tu destino se aprueba en el congreso
al menos puedes ser un indignado
que no pasa la noche en la puerta del sol

ni se orina en un parque en wall street
asumir los derechos de lector
nadie vaya a comprar este soneto

9

tus vecinos despliegan sus banderas
son gente de temer

suena la hora de la discreción
el abierto silencio

la esperanza su corola amarilla
se alza solitaria en el triángulo
de césped acabado de segar
esa flor que resiste

la cuchilla en espiral del tractor
ese detalle que pasó por alto
el hermético dueño

de la casa con exaltadas luces
tú en una caja de madera siembras
algo que hace temblar

11

desde un granero rojo
atestado de cosas olvidadas
pero útiles aún
principios a los cuales se puede sacar punta

y ponerse a sembrar
conciencias que pierden el orín cuando las vuelves
a usar en el despaje
desde un granero rojo

que se inclina a la izquierda
parece derrumbarse pero no
y empieza a ser tomado por el monte

pero que aún resguarda
de la nieve y el tizne
pregúntale si no a las golondrinas

[VOMITAR EL MUNDO DESDE LA ESTRELLA]

El agua límpida, de varios cielos, doméstica se arrulla.
Pero ya en la represa, salta la bella fuerza
AURELIO ARTURO

1

incómodo como la poesía
que a todos queda mal y aprieta en todas partes
quieres en esta feria
hacer levitar un perro cuando nadie mire

a la luz de otro ritmo
otro cuerpo más parco fulminante
distraerte un comino
mientras hiele la espera

su clamor por la mirada absoluta
el detalle que a su vera se siente
después buscar orejas de elefante

algodones en miel
sacarle el alma a la montaña rusa
vomitar el mundo desde la estrella

2

el tartamudo embala
los libros sin lector
pesan más que la culpa
estos ladrillos vanos

bajo el sol de la mancha te echas la caja al hombro
regresas por los márgenes

sus hierbas innombradas
en arganda del rey devolverías

esta tartamudez lujo del maldecir
dar con el lugar exacto
el instante preciso no representa nada

vale más la aventura del olvido
asentarse en el polvo
y no perder el tren

5

el albañil se sienta
de espalda a los nenúfares
en su familia no se fraguan versos
mas sus palabras son las de la tribu

levanta su ansiedad
ladrillo por ladrillo
en un arco de triunfo
para los ejércitos de la nada

las manos no le dejan de temblar
en los guantes de toro desnucado
sueña el albañil que se derrumba la pared

formada sin apego con sudor alcalino
sus palabras trastabillan en la claridad
échales una mano

8

a la orilla del duero intrascendente
se ordenan los milagros
ser fe que arañe rocas
se las coma por dentro

les talle ventanales
sudar como armadura
de un fiero hospitalario
que afila la belleza

su corazón hereje
despeñarse del monte de las ánimas
arco de medio punto

comadrona de dios
y rezar con machado
a la lumbre de un nido de cigüeñas

IV

DE *EL CUADERNO DE LA RATA ALMIZCLERA*[4]

4. Hay cuatro ediciones de este libro: Buenos Aires, Argentina: Buenos Aires Poetry, 2017; Barcelona, España: La Garúa, 2018; Matanzas, Cuba: Vigía, 2019; y (bajo el título de *il quaderno del topo muschiato / el cuaderno de la rata almizclera*, traducido por Alberto Pellegatta) Milán, Italia: Taut Editori, 2020.

1

por un cuello de abrigo sale el sol
la luna vuelve por la chimenea
hace el resto la lluvia
con su densa solución unitiva
la piña y el fenómeno
la esencia y el ciprés se corresponden
ante tu desnudez la luz se oculta
la sombra se revela como piel
en la esquina celeste acorralados
perros que nada puede desunir

lunas por todas partes
con deseos de no perderse nada
no hay más que paja seca
aura de serranía
en la brasa el cabrito que arrastraba el arroyo
soles desempañados por el vino
por la ginebra turbios
el arpegio y la imagen se sacan a bailar
la memoria en jirones
del que no estuvo allí pero se acuerda

2

para John Kinsella

estampan las nocturnas mariposas
su cifra en la pared
se posan en los ángulos
                                        las imprevisiones
donde acecha la araña
con las alas en v
                              marcan la elipsis
donde no se aventura la razón
en luz se vuelven fósiles
recuerdan lo que debes olvidar

los corderos manchados con asombro
rumian entre la niebla
                                        al reflejo oxidado
de un silo con cereal al vacío
es tierra resentida
por artes de una cruenta floración
no más escarcha cómplice
                                              realismo
toda la claridad
arrancada del iris por el viento

5

para Jean Portante

con su carbón la rata
puede atizar el brillo
y apagar la mudez
imagen en astillas
mensaje que fluye a contracorriente
con su cisco la rata
ante el viento en jirones hielo crudo
lunas que no desisten
la nada se da vuelta
forma comprometida

¿y la gracia almizclada
en los soles que no pudieron ser?
¿cuando el hielo devela
la nerviosa osamenta de las cosas?
¿vigilaba latente
a recaudo de toda condición?
¿cuando el torrente cuaja
al pie de la impureza de los sauces?
¿agitaba en el sueño sumergido
las ondas del estar?

8

para Stefaan van den Bremt

el contexto se expresa con las lluvias
le brotan nuevas astas
                                        como venado en celo
no habrá muerto el autor
pero el tú omnívoro se rebela
cuando la estatua se quita la blusa
el texto tiene un aire de familia
es cardenal adusto
un ojo en el alpiste
                                    el otro en el halcón

como espejo vacío
                                    el ser sin cortapisas
nórdico bodegón donde todo se aclara
para que no se entienda
apropiación sujeto transparente
senos como relámpagos
solo venas azules
                                    con rabia coagulada
la muerte que se mira de reojo
cuando nadie la ve

11

una hormiga mayúscula
que no se queda quieta como tú
sobre el tapiz manchado con retozo
en rumbo a todas partes
no distingue la luz del real desasosiego
se agita de por sí
                    en la sombra bebida
junto al ácido trovar de los sapos
una hormiga aplastada por temor
con un juguete nuevo

y se abate también una luciérnaga
a falta de cordura
                    puesta para alumbrar
la primera entre diez
en el halo de la insomne marmota
que no perdona flor
                    ningún sueño amarillo
las manos consternadas
se miran entre sí
                    la mugre la belleza

14

se circula los ángulos
que no se superponen
¿escampará la sed
el granizo su arena emocionada?
¿otra décima en germen
tomeguín del pinar que espanta un cóndor?
¿la huella de nieve como refugio
de la roñosa luz?
ante la intercepción
con fe desampararse

se arriba de la muerte
con una nueva forma entre las manos
en helado temblor
nenúfares a escuadra en la crecida
silencios ambarinos
olvidos acentuados
unos senos en fuga de la niebla
debajo de las uñas
fiel orín
manchas de inspiración

15

solo este desorden ajedrezado
sin hora persevera
la alborada que desoye el murciélago
ya no saca colores
                    las ruinas del edén
se reducen a un círculo almizclado
como espina en el ojo
esta belleza no le teme a nadie
su extraviada certeza
                    tu madriguera par

con sedas de lei-tzu filtras la oscuridad
rescatas grumos
                    las borras de luz
no persigues a dios sino tu estar
en la cueva sin eco
                    con un lápiz de miah
rematas el bisonte fugitivo
es que cada verdad tiene meandros
ranuras
          que la claridad no advierte

16

para Royal Rhodes

la náusea del triángulo
                              ante la primavera
las erratas del sol vermicular
que vadea equinoccios
la descomposición en el torrente
su calor gravitando en otra esfera
el desasosiego de la babosa
sin lunas suspensivas
impresionismo abstracto
                                hambrienta saciedad

esta raya de tigre
                    humeante en el rocío
una alborada a tajos
bajo reminiscencias de jardín
la miel de adormidera
                              su estática salobre
migas de villancico
recalentadas al pie de la nieve
un desayuno a solas con la máquina
este realismo hermético

18

como llegaste tú
                    sonrisa general
entre la niebla uncida con resina de abeto
dispuesta para arder
por la escala musgosa
                              a pie forzado
donde encarna la nieve
y el ánima del norte se deshuesa
un mediodía zurdo
                         la espera llegará

¿habrá en el horizonte
                              la corola de vientos
una cadencia roja?
¿en cada tropezón con la mudez
se encontrará tu anillo?
¿se podrá seguir los pasos rimados
de la escalera líquida?
¿y dejará la tos
                    acercarse a tu luz
sin que se espante?

22

para Hugo Mujica

no serán inocentes
pero debes dejar en paz a las estrellas
en su improvisación en su bramar
sin coherencia ni fondo
                    comprueban el milagro
porcelana en pirámide
que desbarata el hambre con sus cuernos
aunque no estén provocan
en la penumbra láctea
                    este justo rubor

raíz en el abismo
               entraña de otro mundo
nudo sentimental
que un minero de salitre deshace
te vas por la tangente
como lava frustrada de ser roca
veta de humo
               fantasía en espiral
blande el pico y la pala
la nada siempre entierra la razón

24

para Emilio Coco

un estela que trepa por el cuello
y sigue interrogando
entre la algarabía de la escarcha
te embriagas con vacío
sueños impersonales
                    razones que no abrigan
y el retorno diez huellas serpenteantes
un cometa en el barro
no buscas la piedad sino el aroma
que tizna la garganta

raspas hasta el encono
                    ese órgano en fuga
la verdad es amparo en la cellisca
un alba demorada sin conejos
bordas las circunstancias
                    con una fibra zurda
y puedes ser feliz
echar la suerte atrás
lo único a favor
               es que todo está en contra

27

a palos con la luz
                        que no se queja
pero te deja ciego
torcer el brazo del reflejo audaz
posado como enjambre
quebrarle la costilla al resplandor
del vacío
                su revuelo sin reina
la violencia descorre
las pupilas ocultas en la miel

te encubre la visión sin castrar
                                parpadeo
no se forma tu estar
del nudo que recuerda la trama del follaje
no se forma tu ser
de la tabla lijada por diluvios sin cuento
apenas la ranura ojo de búho
para mirar adentro si nada quedó afuera
una imagen en celo
                        que el vacío fecunda

28

para Forrest Gander

lienzos de tierra brava
                    lejanías de ohio
que se acercan con la piel de gallina
florecieron los cardos en azul
la verdad está a punto
                    de convertirse en aura
¿nada podrá impedir
que el firmamento suba a los potreros?
¿destreza del desorden
                    impureza enmarcada?

un tractor escarlata está labrando
las vegas del crepúsculo
no hay garzas sino cuervos
entre los camellones abiertos en la lumbre
el horizonte ondula
libre de compromisos con la niebla
¿qué plantará el granjero en este instante
que no debe pasar?
¿ni soya ni maíz
               solo belleza?

32

para Jorge Boccanera

la lluvia no te deja
conciliar el silencio
y se resuelve en una tos nublada
un seco escalofrío
nada que completar
se evaporan los rostros
y estañan el espejo
donde todo se oculta de sí mismo
tosco bandoneón
el arroyo te quita la palabra

la afonía es la lengua de la muerte
que no puede callarse
una espuma maciza
movilizando el polvo de raíz
todo el líquido arrojo
a tu sed desbordada
armonía de cuarzo
soledad con buen juicio
pero si escuchas bien
la muerte trina

34

nadie se alarma ya con las crecientes
los arrases de nido
                                la oración vanguardista
del agabama salido de madre
es que el discurso proyectó sus diques
se puede discurrir
con ecuanimidad con nitidez
el camalote y tú se conjuraron
para que el agabama vuelva a ser
escabrosa dialéctica

hasta el tungsteno a veces se desborda
renuente a ser anillo
                                creciente del estar
con sus vacas infladas por la sed
con sus impacientes flores de loto
saltas a la corriente mercurial
no tienes cola plana braceas sin concierto
mejor nunca que tarde
tu madre en la otra orilla
                                        no te deja cruzar

35

ante el menor descuido de la nieve
retoña el enemigo
lobos raposas linces
sus rizomas se injertan
en la objetividad palabra mágica
sus frondas se remecen
en el procedimiento
hechizo numeral
cuando el olvido nieva
es la primavera del enemigo

salirse de esa órbita
su madera imantada
cocodrilos serpientes esturiones
en vez el cardenal que lleva un girasol
en su nocturno pico
la estela de una luna renegada
en su claro de miedo
la rata almizclera que se zambulle
en medio de la sed
asimétrico y punto

39

nada sabe tu nombre
por eso se te encuentra
en medio de la fronda sideral
saber es algo más
que el hierro con la v
en ancas de la luna
el viento cuenta sílabas
desentierra eclipses
arroja itinerarios en el rostro
el misterio te expresa

a pesar de esa flor que te dio nombre
no eres una impresión
un trágico perfume
sencillez incrustada de luceros
serrines que estremecen
el canoro sigilo
y no hay virtud mayor en esta feria
porque te formas tú misma con nada
traes el barro desde
la lluvia primordial

40

para Stephane Chaumet

no es demasiado tarde para un árbol
florecido a la inversa
reverbera su sombra
                    aún en esta calma
un naranjo un cerezo
con raíces al borde de ese nido
donde incuba la nieve
                    los más feraces óvalos
sus rumores animan cuando calla la luz
en maja utilidad

a solas con la luz
sin cruzarse palabra en algonquino
espejo con diez pámpanos
donde las sombras trinan
                    el silencio y su envés
eco de la visión
reflejo en remolino que deja de oscilar
seres del alba y del anochecer
a solas
          ninguno toma ventaja

42

se escribe con los pies
                                        a la izquierda de nada
los sueños sin usar
que no tienen cuartel en la cabeza
gatean los baluartes descarnados
abren grietas en sí
                                   crecen en contra
sicómoro en el cauce del kokosing
se escribe serpientes
                                      como relámpagos

esa brisa leída por gladiolos
desata la inquietud
                                   su resplandor total
nada vale la imagen
la roña del verano cuando la condición
se convierte en almizcle
estrofa en veda hasta en nueva zelanda
desde la cresta de la depresión
ganada con las uñas
                                     no es vertical el mundo

43

el libro de las fábulas políticas
como un cedro en otoño
ha perdido las hojas proletarias
solo persisten ciertas nervaduras
un par de ramas
                    que agitan el tiempo
esos verdes aún fieles al tronco
al amargo optimismo
con disciplina entregan su hermosura
la reliquia de honor

se politiza la naturaleza
los átomos son zurdos
                              se corren hacia el rojo
y las células buscan una suerte mejor
como rata
               vives donde otros mueren
roes diques y maíces transgénicos
de raíz a relámpago
la espiga sobre el yunque
                                   aunque nada lo crea

44

obedeces a la desobediencia
esa fiebre benigna
                    plantada en el crepúsculo
no trasciendes el embudo de estaño
donde la gracia surte
                    unidireccional
abres el abanico en el despegue
pero solo consigues la censura del viento
mas no cedes el paso
                    péndola emponzoñada

en la misma trinchera del salvaje
a pie sin armadura
el sol tuerce las líneas
                    nunca más paralelas
la fiebre es la revancha
con una ojeada maduran los mangos
sobre el volcán se posa
                    la corola de plumas
esta espina que avientas sigiloso
sin arco al corazón

46

y solo ser el jardín sin mayúsculas
que madura en invierno
                                        cebado caribú
así diferirse con los solsticios
desenterrar los bulbos
                                        de su arcillosa espera
el jardín despojado que se apiña
famélico venado canadiense
en tu no ser despierto
                                        de esta forma irradiarse

si se buscara el fruto y no la flor
¿qué sentido tendría la raíz?
¿dónde escurre la sed
                                        tortuga mordedora?
¿por qué la nieve mancha
                                        al buda trinitario?
¿en el ansia que inverna con el oso
la cosecha de imágenes?
si te bajas del si por esta escala
¿el ritmo volvería a ser celeste?

47

para Gábor Kertes

aunque el ganso salvaje
alebreste el peral
no manches con sus claves el silencio
nunca es tarde para revelaciones
que sacudan el nervio
de la umbría en almizcle
ajena a toda flor
si en su pata se anuda
una cinta de seda
no llenes la molleja de azabaches

paradoja con plumas el halcón
no es más rápido que la paloma picassiana
mas se deja caer
busca el ángulo ciego
el giro irrealizable
toda su voluntad
guiada por un pálpito
el otro corazón
cuando la mansedumbre no se da por vencida
la altanería puede morir de hambre

49

contra la roja paz
                    la fe de los contrarios
al vértigo mayor
el águila sobre el desfiladero
al vacío absoluto
                    la belleza vibrante
contra la desazón
el esférico tizne de la ciega
todo menos callar desarmonía
descruce de visiones

nada debe borrarse
                    cizañas crisantemos
los pasos de montaña
donde nunca se vuela por parejas
el jade y el rocío
                    el laúd y el incienso
el martín pescador
que anida en las tijeras de jardín
empezar por el fin
                    la nada original

50

para Linda Metzler

araña encenizada
que te dejas caer
con hilos impacientes sobre un pecho
si el sueño diera vuelta
no serías memoria
oponente
mancha imperceptible sobre la sábana
es mejor escaparte en una elipsis
hacia la intrascendencia
ese escondrijo

la araña que en la noche
urde la simetría de su tela
para enredar el día
y entrar viento en razón
la araña que se arriesga
entre los dos alambres
donde penden
las hambres del pardal
la araña que se oculta
segura de que algo no fue en vano

V

DE *ENSEGUIDA [O LA GOTA DE SANGRE EN EL NIVEL]*[5]

5. Santiago de Chile, Chile-Barcelona, España: RIL-Ærea, 2018.

para Katherine Marie Hedeen

En otoño se nos acerca el cielo
TU FU

el presente absoluto de las cosas
STÉPHANE MALLARMÉ

el diálogo final
GOTTFRIED BENN

hay cuatro cosas grandes
LAO ZI

cerca de los fragmentos sin sentido
pero reales que conforman las tareas de hoy
JOHN ASHBERY

Nada más queda ya
que la llamarada ciega de mi alma desnudar
CARMINA BURANA

[TE ESCUCHO DESNUDAR A CONTRALUZ]

un día salgo sin abrir la puerta
el cuervo no lo advierte
y el caballo nevado
que remolca la carreta de estiércol
con su vaho me borra
como tizne se pierde
en una vertical del horizonte
plantada entre las lilas

su olor late en el pecho
reniega de sí mismo
enrojece los arces
me quedo mudo afuera
te escucho desnudar a contraluz
no soy lo que seré ni lo que fui
fermento de experiencia
duro eclipse

pero tú me señalas
entre la insatisfecha multitud
me empujas hasta el tálamo
entre muros con un raro equilibrio
sacas a lucir pechos
no entrados en razón
tus caderas socavan
hasta que la tierra cae en mi boca

los despiertos deliran
al laúd de la muerte
los dormidos han muerto y lo disfrutan
esperen o no la resurrección
a estas alturas nadie
debe esquivar la nada

como en el caso de la amante oculta
basta con no invocar su agrete nombre

tienes que desearlo
con todos los enroques de tu ánima
con todas las abejas de tu cuerpo
y si uno te traiciona
                    si una te da la espalda
un término un instante
                    no lo conseguirás
a la muerte sólo espanta el deseo

la ciudad descarnada se espabila
sin que canten los gallos
los sepultureros en overoles azules
emergen del vacío
reinan desidia y cal
                    los claveles robados
y la edad se desnuda
sin sombra ni vergüenza

unos huesos musgosos sobre sacos de yute
de alguna forma
                    se busca una tumba
anima la certeza de encontrarla
desiertos de una vez el pasado el futuro
y el presente la niebla
                    donde no se distinguen
los desechos que acabo de sacar

a la casa se vuelve por la puerta cerrada
la vieja metáfora de la luz
es un clavo torcido que no logra
sostener estos fustes contra el cielo
la sombra se desune
                    no estructura
con su aliento de pino calcinado
la muerte no es lo opuesto de la vida

[¿CÓMO VOY A BAJAR LOS OCHO SOLES?]

para Yang Lian

sin la destreza del arquero yi
¿cómo voy a bajar los ocho soles?
el bronce se suaviza con el vino
la muerte es efímera
                    inestable la gloria
¿por qué transpiro en estos caracteres?
si cada noche me intimida el sueño
¿cómo voy a empuñar la espada de gongsun?

algo que no es esperma no es pabilo
alimenta la vela cara al sur
el deseo no olvida
que ni la cruz del esternón alumbra
nadie sabe tu nombre
perfecto e indistinto
                    callado e impasible
eres como un adverbio

alzas la voz y vuelves al resguardo
con la lengua arañada
no te alejas de todo
                    creces a ras de cielo
pierdes la fe ganas sinceridad
no compites con nadie ni contigo
y retas la armonía
la vergüenza de los cuatro contrarios

pretendes ser el rústico viejo de shaoling
pero los pinceles no te obedecen
los trazos se evaporan
tu gorro no es de plumas de faisán
sino de lana simple
                    no hay dragón que vencer

sino la indiferencia de las ranas
chapoteando también en la afonía

con tu cucharita raspas el caldero
aunque no quede nada que llevarse a la boca
solo sacarle brillo buscar una salida
en la otra cara donde pegó el fuego
la torre se erige de una simiente
la postura de una fe triangular
el ocio es el caudal que dilapidas
hace mucho debieras ser mendigo

y no desprecies a la borgiana luna
sus rayos en cascada
su aroma que ya no da para menos
el tanino ovalado
                                        confusa claridad
es un eco que se debe añejar
no desprecies siquiera al enemigo
en una copa te tiende otra celada

blandes un sable que no tiene filo
y enfundas en la herida
cimbra como un relámpago
sin tempestad en el pecho nocturno
como la luna eres un reflejo
corteza que se muda
en la ceniza se borran los pasos
se cava el destino

no tengo claridad pero me apoyo
en lo insignificante
el báculo de la transmutación
aunque me turbe el hielo
me serenen las vides desgreñadas
vigoroso por la debilidad
esta es mi voluntad no hay otra cosa
el abismo se despeña en el mulo

[EN ESA ORILLA HACEN UN RUIDO VERDE]

de la unidad fluctuante
el doble su delirio
de la forma sin médula
la octava
del caos racional
el orden inquietante
de lo indistinto
tú

te riges por las tablas del invierno
que incumplirás como un reloj de arena
policía médico sacerdote
te salvarán del bien la mansedumbre
cereal consecutivo
sin rescoldos de madre
solo vas a ser libre
cuando logres deshacerte de mí

si te alejas induces
la vida es como el borde
de una jarra de vino con especias
donde beben los muertos
no podrás distinguir
entre el rastro de uvas sublevadas
los humores del otro
si retornas disuades

en esta orilla están cortando el césped
van y vienen los rojos
sin lógica avidez
girando sobre un eje imaginario
atacan diagonal
con ritmo parpadeante

sinuosa geometría
en la otra orilla hacen un ruido verde

oculto en el aroma del silencio
preparas la emboscada
no quieres herir ni atemorizar
apenas congraciar con la amargura
el último en la cola
bajo un sol jacobino un hielo gris
aunque llegues temprano por tu espina
estoy aquí para guardar el turno

madera sin serrar inexplicable
como plata que almizcla
ya no quedan cristales machihembrados
donde ocultar los códices
la plenitud tampoco alcanzará
para hacer florecer tanto desasosiego
por eso llevo esta vaina vacía
donde en su lugar enfundo tu calma

la armonía no está en el horizonte
ni en volver a uno mismo
sino llegar a la puerta del otro
pero que seas tú y nadie más quien abra
y sosiegue las manos con café
un violento sabor crepuscular
yo quiero tu opresión bajo mi desvarío
el peso de tu ser sobre mi nada

esa estrella que titila en el pecho
te hace respirar como raíz
en la tiniebla de hilo inextricable
atas la variación por la cintura
como estela de caracol celeste
enseguida es un eco
otro mundo resuena
silencio en rebeldía

[ENTRE LAS BAYAS NO ESTÁ LA CERTEZA]

para Alfredo Zaldívar

entre el destino y la aguja imantada
corre un río de mieles procelosas
sus relumbres sus manchas de inocencia
hacen saltar desnudo
                                        ahogarse en certidumbre
limalla en el ojo del remolino
al bracear a la orilla
se reasume la condición de cera

dábale arroz a la zorra el abad
hasta que se sació
y en vez de echarse en una de las lozas
pulidas por la fe
                                    se abalanzó al altar
decapitó los cirios pensativos
hizo votos por la mala cosecha
volver a sentir hambre

no me cegarán los cuatro sabores
de la sombra en cayama
yo me defiendo con tu ambigüedad
no me quemarán la lengua los cuatro colores
que la condensación saca al laúd
este es el ritmo de tu desazón
no me perfumarán los cuatro arpegios
del vino de medana

así yo apuro el vacío en tu boca
entre las bayas no está la certeza
tampoco entre los signos
que se dejan leer en un instante
cuando alguien te mira con tus ojos
formas el reino par

demasiado animal para ser fuente
callejón inundado sin salida

solo vale la pena lo innombrable
y no alcanza la fe
en la libreta de abastecimiento
producto liberado
junto a la sed crecida en el brocal
la visión abrasiva
compartes lo que no puedo saber
me filtro en tus entrañas

llega el hecho sin dígito sin muesca
por saberse impalpable
polvo como la lágrima de rudolf
¿acaso eres el fiel
en la romana de lo desconocido?
¿has fijado el momento la leyenda
lo que hará con tu cuerpo esa mujer
el blanco de esta lanza?

un ábaco no explica
los bordes de las pilas bautismales
el clavel de los vientos
                                        las caídas en suerte
la cifra del olvido y la resurrección
dábale arroz a la zorra el abad
lo que tiende el delirio
en los cordeles de esta octava irreal

ya no podrán mancharlo con ingenio
la resina de mango la gracia de gorrión
al devenir impares en la suma
por fin el azulejo regresa a la ventana
el sauce con raíces hasta el sol
lo resguarda en su encaje
la corriente no le da de beber
pero lo explica con su turbulencia

[COMO LA FLECHA QUE HIZO LAVA EL TIGRE]

para Rolando Kattan

contra el juicioso ventrículo izquierdo
los papeles de arroz
esta nieve rimada que lo echa a perder todo
contra la paz que late a la derecha
los pinceles con sombra de camello
su neblina constante
este punto y seguido en la vigilia
por lo menos una iluminación

escribanía donde entrar descalzo
en tintero de jade
la armonía total que ofrece el vino
silencio deletreado a la inversa
un vaciado de símbolos
sus acuosas ganas de no sé dónde
esta gota transparente que sabe
soportar el lenguaje del martillo

si la otredad aprieta los dientes no callar
un trino un trueno un timbre
si la naturaleza dio la nota
y el tiempo rompe a hervir
                                        valga la redundancia
cada objeto en su término
también cada sujeto su encuadre y candidez
decirlo mal que todo quede bien

no me llamo zimei cruzo las tres gargantas
un soplo en el yermo de los perales
he burlado al eunuco
y silbo para ti baladas extranjeras
hasta la envidia tiene buena caligrafía
falla el maestro del acantilado

el desengaño aligera los dedos
un montuno que encabrita fantasmas

estos trazos no borran la ilusión
ni desmienten a nadie ni te tienen
con más miedo que el rey de turkestán
no eres un leñador mas veneras el hacha
la precisión la contundencia el filo
las llamas en la estufa
si mentir es el precio
valga por la belleza

estas toscas palabras no se podrán pagar
con tributos de jade ternuras de guifei
ni con un tiro de cuatro alazanes
ojalá vaciaran el corazón
y colmaran el vientre con su vino lunar
requeridos en vez
huesos más fuertes que las emociones
ideas que deshielen la colina

si la octava se cuaja
segarán esta noche los tulipanes negros
si la octava no crece
echarán de la ceiba los enjambres
si la octava se seca
harán pavesa las analogías
si la octava no fluye
se volverá a encender la silla eléctrica

no toques esta dupla latigazo
de la corriente estática
yo le di su poder con tu caricia
solo descarga a tierra germinada
como la flecha que hizo lava el tigre
la belleza es la cópula
el cortocircuito
entre el ser y el estar

[LADRAS A LOS COMETAS LAS GUADAÑAS]

para Najwan Darwish

a medio mundo giras
mensajes amarrados a las patas
de los gansos salvajes
palosanto en brasas rata almizclera
surgida de la lucidez del lago
esa fe en el dragón que no te impide
escupir este azufre
por no arriesgar la muerte

eres perro de broza en el tejado
ladras a los cometas las guadañas
que indiferentes velan
ansían el gramático escarmiento
la marca de un colmillo calcinado
los ladridos se apagan de un tirón
mas el vaho destella
un resabio esencial

tolerante el halcón con su beduino
que perdona la vida a las palomas
porque vuelan más rápido
complaciente el vampiro desterrado
sangrando pesadillas
traspasando las pieles que lo sueñan
carente de prejuicios el cetáceo
entreabierto a la multitud de plancton

caracol de casilda en alquitrán
destilo este sendero
pero la estela no me reconoce
en el círculo vibrante de las grullas soy
dos golondrinas con barro en el pico
al presentir tus simétricas nubes

en ti me transfiguro
sin domesticaciones todo a cambio

saltas como el salmón de agua bendita
arrojas el guante a la gravedad
solo para ser fiel
a una ceja de monte en la memoria
afrontas el torrente la distancia
el zarpazo del oso ensimismado
para morir con hijos
desovar en las fuentes

la flor que crece en el cuerno maduro
de un rinoceronte polvoriento
y no lo deja ver horizontal
el rugido al revés
del algebraico tigre siberiano
una noche de guardia en la colina
desde los ocho extremos te define
esta abstracción feroz

espíritu del valle la marmota
pastando en la otra orilla
ya sin sombra recelosa de sí
el sediento mapache
donde te embarcas a ningún destino
gota sin sosiego mar de fondo
la banda de gorriones a destiempo
doblegando los juncos con su hambre

gime el venado rengo que surge del vacío
su aliento en el cristal que lo contempla
arranca una ramita al sauce y desaparece
enseguida la hurraca
con su revuelo estático
¿buscar una objeción un cascabel?
¿encantar el armiño con el triángulo?
¿hallar lo no perdido?

[DE TI SALDRÉ FILOSO COMO ESTOQUE]

las pequeñas derrotas
que traen las crecidas
se acumulan al borde de la dulce corriente
forman playazos donde los caimanes
al rumor de los lotos
se prendan de la luna
y la arena se agita
con el sabor profundo de tus ganas

como no tengo forma te penetro
serás mi basta funda
de ti saldré filoso como estoque
tu templanza vence mi poca fe
desanudas la angustia del reloj
eres la eternidad
que al cabo me revela
el alivio de ser

soñaste con mi muerte
me confiesas sin culpa en el café
desde el extremo opuesto de la luz
te despertaste para poner fin
al abierto final
y todo se congrega proletario
como un arcoíris
en el rotundo haz de la mañana

máquina de parir
eficiente y robusta
dan ganas de tornar
no al vientre de la madre sino al tuyo
calabaza embrujada a mediodía
dichoso quien te erice

se alimente de tu sal asimétrica
navegue por tus sueños

se busca desprenderse evaporarse
de este relumbre inhóspito
amor estructurado
con sereno fervor con buenas mañas
la nata y el incienso
                                        las siestas a deshoras
el orinar sobre los heliotropos
no hay tregua en esta paz

como en tus asaltos de amanecida
me sumo a lo invisible
con un arresto que envidia la sombra
punto flexible y dócil
como el dorso cuando te vuelves runa
idea reencarnada
el vino transparenta la memoria
el norte libra el cielo de impaciencia

ya no escondes tu cuerpo
en hombrunos pantalones de pana
sus inviernos raídos
                                        y cuando te despojas
entre el olor a brea y el lago congelado
puedo palparte el ánima
con tu desnudez se visten mis días
todas las noches hay claro de luna

si volviera a ser pez
que fuera en ti laguna de oregón
circulada por vientos resinosos
calizas transparentes
y nadar en un escalofrío a la ribera
de arenas iniciales
como nieve que se niega a sí misma
donde se invierte el mundo

[JUNTO A LA FLOR QUE NO DEJA DORMIR]

junto a la flor que no deja dormir
sobre el costado opuesto al corazón
enumeras rendijas
y no vale gritar en tus adentros
desenterrar las ánimas los sones
ni sorberme en tu cáliz como ausencia
mejor es impedir que el sueño calque
otro renglón quebrado

al cierzo salitroso
te cubres con una interrogación
nada más útil que lo que no es
porque te obliga a estar
nada más bello que el cuarto revés
se vuelve a desclavar
la revoltosa nada
                    es el umbral de todo

la lucha se macera sin laurel
el éxito se cuece sobre piedras
en la preparación para el fracaso
borracho como un pez en la creciente
dejas el paño bruno la entraña de tintero
para los vencedores del haulin
                                eso explica
tu contento con la última nieve

en el albo maizal has resistido
los aceros puntuales
no guardas la virtud en el desván
sin medallas tu pecho
                        de guajiro se hincha
te gruñe la deshonra acorralada

tus hijos juegan en los ocho rumbos
tu mujer lleva anillo de tungsteno

me tomaste sin una sola finta
con filosa ternura
a golpe de radiante enunciación
como el valiente sé retroceder
hazaña de escudero
caballero que la cólera embrida
una zarza en cenizas que florece
está escrito en la hoja de mi espada

es arduo este romance
como cortar la primera cuña de un pastel
mi celo de tu sombra
no poder darte la pequeña muerte
el escollo la espuma todo lo facilita
tu aliento nevado mi tos ritual
al fin me libras de la perfección
y puedo ser perfecto

agitado sin fondo
estableces las cañas de bambú
que te abrigan de congojas y escarchas
los nervios enmadejas
                                        das puntos de razón
un nudo desatado sin extremos
nadie puede cerrar la puerta que abres
hay finales felices

aún tu desinterés no es absoluto
y alientas para ser lo que no soy
se te escurre el orgullo entre los dedos
ásperos de la tiza
                                al menos tienes manos
con que seguir amasando el vacío
nada será como has imaginado
pero todo será

ÍNDICE

UN ÁLGEBRA SALVAJE

I. DE *REVERSOS*

II. DE *DESHIELOS*

III. DE *DESDE UN GRANERO ROJO*

IV. DE *EL CUADERNO DE LA RATA ALMIZCLERA*

V. DE *ENSEGUIDA*
[O LA GOTA DE SANGRE EN EL NIVEL]

Esta obra
se acabó de imprimir
con los auspicios de
Charo Fierro y
Antonio J. Huerga, editores

FINIS CORONAT OPUS